D1470873

Notizen zur Melodie der Dinge

Notes sur la mélodie des choses

RAINER MARIA RILKE

Notizen zur Melodie der Dinge

ÉDITIONS ALLIA

16, RUE CHARLEMAGNE, PARIS IVe

2010

RAINER MARIA RILKE

Notes sur la mélodie des choses

Traduit de l'allemand par

BERNARD PAUTRAT

IDEM • VELLE

AC • IDEM • NOLLE

ÉDITIONS ALLIA

16, RUE CHARLEMAGNE, PARIS IV

2010

TITRE ORIGINAL

Notizen zur Melodie der Dinge

I

Ganz am Anfang sind wir, siehst du.
Wie vor Allem. Mit
Tausend und einem Traum hinter uns und
ohne Tat.

II

Ich kann mir kein seligeres Wissen denken,
als dieses Eine:
daß man ein Beginner werden muß.
Einer der das erste Wort schreibt hinter einen
jahrhundertelangen
Gedankenstrich.

I

Nous sommes au tout début, vois-tu.
Comme avant toute chose. Avec
Mille et un rêves derrière nous et
sans acte.

II

Je ne peux penser plus heureux savoir
que cet unique-ci :
qu'il faut devenir un initiateur.
Un qui écrit le premier mot derrière un
séculaire
tiret.

III

Das fällt mir ein: bei dieser Beobachtung: daß wir die Menschen noch immer auf Goldgrund malen, wie die ganz Primitiven. Vor etwas Unbestimmtem stehen sie. Manchmals vor Gold, manchmals auch vor Grau. Im Licht manchmals, und oft mit unergründlichem Dunkel hinter sich.

IV

Man begreift das. Um die Menschen zu erkennen, mußte man sie isolieren. Aber nach einer langen Erfahrung ist es billig, die Einzelbetrachtungen wieder in ein Verhältnis zu setzen, und mit gereiftem Blick ihre breiteren Gebärden zu begleiten.

III

Cela me vient en observant ceci : que nous en sommes encore à peindre les hommes sur fond d'or, comme les tout premiers primitifs. Ils se tiennent devant de l'indéterminé. Parfois de l'or, parfois du gris. Dans la lumière parfois, et souvent avec, derrière eux, une insondable obscurité.

IV

Cela se comprend. Pour distinguer les hommes, il a fallu les isoler. Mais après une longue expérience il est juste de remettre en rapport les contemplations isolées, et d'accompagner d'un regard parvenu à maturité leurs gestes plus amples.

V

Vergleiche einmal ein Goldgrundbild aus dem Trecento mit einer von den zahlreichen späteren Kompositionen italienischer Frühmeister, wo die Gestalten zu einer Santa Conversazione vor der leuchtenden Landschaft in der lichten Luft Umbriens sich zusammenfinden. Der Goldgrund isoliert eine jede, die Landschaft glänzt hinter ihnen wie eine gemeinsame Seele, aus der heraus sie ihr Lächeln und ihre Liebe holen.

VI

Dann denke an das Leben selbst. Erinnere dich, daß die Menschen viele und bauschige Gebärden und unglaublich große Worte haben. Wenn sie nur eine Weile so ruhig und reich wären, wie die schönen Heiligen des Marco Basaiti, müßtest du auch hinter ihnen die Landschaft finden, die ihnen gemeinsam ist.

V

Compare une fois un tableau du Trecento sur fond d'or avec une des nombreuses compositions plus tardives des maîtres anciens italiens, où les figures se rencontrent pour une Santa Conversazione devant l'éclatant paysage dans l'air léger de l'Ombrie. Le fond d'or isole chaque figure, le paysage luit derrière elles comme une âme qu'elles ont en commun, et d'où elles tirent leur sourire et leur amour.

VI

Puis remémore-toi la vie même. Souviens-toi que les hommes ont maints gestes bouffants et des mots incroyablement grands. S'ils étaient, serait-ce un instant, aussi calmes et riches que les beaux saints de Marco Basaiti, tu devrais trouver derrière eux aussi le paysage qui leur est commun.

VII

Und es giebt ja auch Augenblicke, da sich ein Mensch vor dir still und klar abhebt von seiner Herrlichkeit. Das sind seltene Feste, welche du niemals vergißt. Du liebst diesen Menschen fortan. Das heißt du bist bemüht die Umrisse seiner Persönlichkeit, wie du sie in jener Stunde erkannt hast, nachzuzeichnen mit deinen zärtlichen Händen.

VIII

Die Kunst tut dasselbe. Sie ist ja die weitere, unbescheidenere Liebe. Sie ist die Liebe Gottes. Sie darf nicht bei dem Einzelnen stehen bleiben, der nur die Pforte des Lebens ist. Sie muß ihn durchwandern. Sie darf nicht müde werden. Um sich zu erfüllen muß sie dort wirken, wo Alle – *Einer* sind. Wenn sie dann diesen *Einen* beschenkt, kommt grenzenloser Reichtum über Alle.

VII

Et il y a bien aussi des instants où un homme devant toi se détache calme et clair sur fond de sa splendeur. Ce sont des fêtes rares, que tu n'oublies jamais. Cet homme, désormais, tu l'aimes. C'est-à-dire tu t'appliques, de tes mains tendres, à copier les contours de sa personnalité telle que tu l'as perçue à cette heure.

VIII

L'art fait de même. Il est, oui, l'amour en plus ample, en plus démesuré. Il est l'amour de Dieu. Il n'a pas le droit de s'arrêter à l'individu, qui n'est que la porte de la vie. Il doit la franchir. La fatigue lui est interdite. Pour s'accomplir il doit œuvrer là où tous – sont *un*. Et quand il fait don de cet *un*, alors survient à tous une richesse sans limites.

Wie weit sie davon ist, mag man auf der
Bühne sehen, wo sie doch sagt oder sagen
will, wie sie das Leben, nicht den Einzelnen
in seiner idealen Ruhe, sondern die Bewegung
und den Verkehr Mehrer(er) betrachtet.
Dabei ergiebt sich, daß sie die Menschen
einfach neben einander stellt, wie die im
Trecento es taten, und es ihnen selbst
überläßt sich mit einander zu befreunden
über das Grau oder das Gold des Hintergrundes hin.

Und darum wird es auch so. Mit Worten
und Gesten suchen sie sich zu erreichen.
Sie renken sich fast die Arme aus, denn
die Gebärden sind viel zu kurz. Sie
machen unendliche Anstrengungen die
Silben einander zuzuwerfen und sind
dabei noch herzlich schlechte Ballspieler,

IX

Combien l'art en est loin, cela peut se voir sur la scène, où pourtant il dit ou veut dire comment il considère la vie, non pas l'individu en son idéal repos mais le mouvement et le commerce de plusieurs. Or il s'avère qu'il place simplement les hommes côte à côte, comme on faisait au Trecento, et leur laisse à eux-mêmes le soin de lier amitié par dessus le gris ou l'or de l'arrière-fond.

X

Du coup aussi voici ce qui se passe. Ils essaient de s'atteindre avec des mots, des gestes. C'est tout juste s'ils ne se démettent pas les bras, car les gestes sont bien trop courts. Ils font d'infinis efforts pour se lancer les syllabes et, en même temps, ce sont encore de franchement mauvais joueurs

die nicht auffangen können. So vergeht
die Zeit mit Bücken und Suchen – ganz
wie im Leben.

XI

Und die Kunst hat nichts getan, als uns
die Verwirrung gezeigt in welcher wir uns
meistens befinden. Sie hat uns beängstigt,
statt uns still und ruhig zu machen. Sie hat
bewiesen, daß wir jeder auf einer anderen
Insel leben; nur sind die Inseln nicht weit
genug um einsam und unbekümmert zu
bleiben. Einer kann den Anderen stören
oder schrecken oder mit Speeren verfolgen
– nur helfen kann keiner keinem.

XII

Von Eiland zu Eiland giebt es nur eine
Möglichkeit: gefährliche Sprünge, bei
denen man mehr als die Füße gefährdet.

de ballon, qui ne savent pas rattraper. Si
bien qu'ils passent leur temps à se pen-
cher et à chercher – tout comme dans la vie.

XI

Et l'art n'a rien fait sinon nous montrer le
trouble dans lequel nous sommes la plupart
du temps. Il nous a inquiétés, au lieu de
nous rendre silencieux et calmes. Il a prouvé
que nous vivons chacun sur son île ; seulement les îles ne sont pas assez distantes
pour qu'on y vive solitaire et tranquille.
L'un peut déranger l'autre, ou l'effrayer, ou
le pourchasser avec un javelot – seulement
personne ne peut aider personne.

XII

D'île à île, il n'y a qu'une possibilité :
de dangereux sauts, où l'on risque plus
que ses pieds. Cela donne un éternel

Ein ewiges Hin-und Herhüpfen entsteht mit Zufällen und Lächerlichkeiten; denn es kommt vor, daß zwei zueinander springen, gleichzeitig, so daß sie einander nur in der Luft begegnen, und nach diesem mühsamen Wechsel ebenso weit sind – Eines vom Anderen – wie vorher.

XIII

Das ist weiter nicht wunderlich; denn in der Tat sind die Brücken zu einander, darüber man schön und festlich gegangen kommt, nicht *in* uns, sondern hinter uns, ganz wie auf den Landschaften des Fra Bartholome oder des Lionardo. Es ist doch so, daß das Leben sich zuspitzt in den einzelnen Persönlichkeiten. Von Gipfel zu Gipfel aber geht der Pfad durch die breiteren Tale.

va-et-vient bondissant, fait de hasards et de ridicules ; car il arrive qu'ils soient deux à sauter en même temps l'un vers l'autre, si bien qu'ils ne se rencontrent qu'en l'air, et qu'après ce pénible échange ils se retrouvent tout aussi loin – l'un de l'autre – qu'auparavant.

XIII

Ce n'est pas du tout étonnant ; car en réalité les ponts menant à l'autre, par où l'on vient d'un beau pas solennel, ne sont pas *en* nous, mais derrière nous, exactement comme dans les paysages de Fra Bartolomé ou de Léonard. Il est de fait que la vie se termine en aiguille dans les individualités. Mais c'est par les vallées plus larges que passe le sentier de sommet à sommet.

XIV

Wenn zwei oder drei Menschen zusammenkommen, sind sie deshalb noch nicht beisammen. Sie sind wie Marionetten deren Drähte in verschiedenen Händen liegen. Erst wenn *eine* Hand alle lenkt, kommt eine Gemeinsamkeit über sie, welche sie zum Verneigen zwingt oder zum Dreinhauen. Und auch die Kräfte des Menschen sind dort, wo seine Drähte enden in einer haltenden herrschenden Hand.

XV

Erst in der gemeinsamen Stunde, in dem gemeinsamen Sturm, in der einen Stube, darin sie sich begegnen, finden sie sich. Erst bis ein Hintergrund hinter ihnen steht, beginnen sie miteinander zu verkehren. Sie müssen sich ja berufen können auf die *eine* Heimat. Sie müssen einander gleichsam die Beglaubigungen zeigen,

Quand deux ou trois personnes s'assemblent, ce n'est pas pour autant qu'elles sont déjà ensemble. Elles sont comme des marionnettes dont les fils sont en différentes mains. Sitôt qu'*une* main les manipule tous, il leur survient une communauté qui les fait s'incliner ou se sauter dessus. Et les forces de l'être humain, elles aussi, sont là où vont finir ses fils dans une main souveraine qui les tient.

Ce n'est que dans l'heure en commun, dans la tempête en commun, dans la salle commune où ils se rencontrent, qu'ils se découvrent. Ce n'est que lorsqu'un arrière-fond se dresse derrière eux, qu'ils commencent à commercer entre eux. Il faut bien qu'ils puissent se référer à la patrie *une*. Il faut qu'ils se montrent les accréditations,

welche sie mit sich tragen und welche Alle
den Sinn und das Insiegel desselben
Fürsten enthalten.

XVI

Sei es das Singen einer Lampe oder die
Stimme des Sturms, sei es das Atmen des
Abends oder das Stöhnen des Meeres, das
dich umgiebt – immer wacht hinter dir eine
breite Melodie, aus tausend Stimmen gewo-
ben, in der nur da und dort dein Solo Raum
hat. Zu wissen, *wann Du einzufallen hast,*
das ist das Geheimnis deiner Einsamkeit:
wie es die Kunst des wahren Verkehres ist:
aus den hohen Worten sich fallen lassen in
die eine gemeinsame Melodie.

XVII

Wenn die Heiligen des Marco Basaiti
sich etwas anzuvertrauen hätten außer

si l'on peut dire, qu'ils portent sur eux, et qui renferment toutes le sens et le sceau du même prince.

XVI

Que ce soit le chant d'une lampe ou bien la voix de la tempête, que ce soit le souffle du soir ou le gémissement de la mer, qui t'environne – toujours veille derrière toi une ample mélodie, tissée de mille voix, dans laquelle ton solo n'a sa place que de temps à autre. Savoir *à quel moment c'est à toi d'attaquer*, voilà le secret de ta solitude : tout comme l'art du vrai commerce c'est : de la hauteur des mots se laisser choir dans la mélodie une et commune.

XVII

Si les saints de Marco Basaiti avaient quelque chose à se confier hors de leur

ihrem seligen Nebeneinandersein, sie
würden sich nicht vorn im Bild, drin sie
wohnen, ihre schmalen, sanften Hände
reichen. Sie würden sich zurückziehen,
gleich klein werden und tief im laus-
chenden Land über die winzigen Brücken
zueinander kommen.

XVIII

Wir vorn sind ganz ebenso. Segnende
Sehnsüchte. Unsere Erfüllungen geschehen weit in leuchtenden Hintergründen.
Dort ist Bewegung und Wille. Dort spielen
die Historien, deren dunkle Überschriften
wir sind. Dort ist unser Vereinen und unser
Abschiednehmen, Trost und Trauer. Dort
sind wir, während wir im Vordergrunde
kommen und gehen.

bienheureuse proximité, ils ne tendraient pas leurs mains fines, légères, à l'avant du tableau dans lequel ils habitent. Ils s'effaceraient vers le fond, deviendraient tout petits et iraient par les ponts minuscules se retrouver au fond de la campagne à l'écoute.

XVIII

Nous sommes en avant tout à fait comme cela. De bénisseuses nostalgies. C'est au loin, dans des arrière-plans éclatants, qu'ont lieu nos épanouissements. C'est là que sont mouvement et volonté. C'est là que se situent les histoires dont nous sommes des titres obscurs. C'est là qu'ont lieu nos accords, nos adieux, consolation et deuil. C'est là que nous *sommes*, alors qu'au premier plan nous allons et venons.

XIX

Erinnere dich an Menschen, die du beisammen fandest, ohne daß sie eine gemeinsame Stunde um sich hatten. Zum Beispiel Verwandte, die sich im Sterbezimmer einer wirklich geliebten Person begegnen. Da lebt die eine in dieser, die andere in jener tiefen Erinnerung. Ihre Worte gehen aneinander vorbei, ohne daß sie von einander wissen. Ihre Hände verfehlen sich in der ersten Verwirrung. – Bis der Schmerz hinter ihnen breit wird. Sie setzen sich hin, senken die Stirnen und schweigen. Es rauscht über ihnen wie ein Wald. Und sie sind einander nahe, wie nie vorher.

XX

Sonst, wenn nicht ein schwerer Schmerz die Menschen gleich still macht, hört der eine mehr, der andere weniger von der mächtigen Melodie des Hintergrundes.

XIX

Souviens-toi de gens que tu as trouvés
rassemblés sans qu'ils aient encore par-
tagé une heure. Par exemple des parents
qui se rencontrent dans la chambre mor-
tuaire d'un être vraiment cher. Chacun,
à ce moment-là, vit plongé dans son sou-
venir à lui. Leurs mots se croisent en
s'ignorant. Leurs mains se ratent dans le
désarroi premier. – Jusqu'à ce que derrière
eux s'étale la douleur. Ils s'asseyent, incli-
nent le front et se taisent. Sur eux bruit
comme une forêt. Et ils sont proches l'un
de l'autre comme jamais.

XX

Sinon, s'il n'y a pas une profonde douleur
pour rendre les humains également silencieux, l'un entend plus, l'autre moins, de
la puissante mélodie de l'arrière-fond.

Viele hören sie gar nicht mehr. Sie sind wie Bäume welche ihre Wurzeln vergessen haben und nun meinen, daß das Rauschen ihrer Zweige ihre Kraft und ihr Leben sei. Viele haben nicht Zeit sie zu hören. Sie dulden keine Stunde um sich. Das sind arme Heimatlose, die den Sinn des Daseins verloren haben. Sie schlagen auf die Tasten der Tage und spielen immer denselben monotonen verlorenen Ton.

XXI

Wollen wir also Eingeweihte des Lebens sein, müssen wir zweierlei bedenken:
Einmal die große Melodie, in der Dinge und Düfte, Gefühle und Vergangenheiten, Dämmerungen und Sehnsüchte mitwirken, –
und dann: die einzelnen Stimmen, welche diesen vollen Chor ergänzen und vollenden.
Und um ein Kunstwerk, heißt: Bild des tieferen Lebens, des mehr als heutigen,

Beaucoup ne l'entendent plus du tout. Eux sont comme des arbres qui ont oublié leurs racines et qui croient à présent que leur force et leur vie, c'est le bruissement de leurs branches. Beaucoup n'ont pas le temps de l'écouter. Ils ne veulent pas d'heure autour d'eux. Ce sont de pauvres sans-patrie, qui ont perdu le sens de l'existence. Ils tapent sur les touches des jours et jouent toujours la même monotone note diminuée.

XXI

Si donc nous voulons être des initiés de la vie, nous devons considérer les choses sur deux plans :
D'abord la grande mélodie, à laquelle coopèrent choses et parfums, sensations et passés, crépuscules et nostalgies, –
et puis : les voix singulières, qui complètent et parachèvent la plénitude de ce chœur.
Et pour une œuvre d'art cela veut dire : pour créer une image de la vie profonde,

immer zu allen Zeiten möglichen Erlebens, zu begründen, wird es notwendig sein die beiden Stimmen, *die* einer betreffenden Stunde und *die* einer Gruppe von Menschen darin, in das richtige Verhältnis zu setzen und auszugleichen.

XXII

Zu diesem Zweck muß man die beiden Elemente der Lebensmelodie in ihren primitiven Formen erkannt haben; man muß aus den rauschenden Tumulten des Meeres den Takt des Wogenschlages ausschälen und aus dem Netzgewirr täglichen Gespräches die lebendige Linie gelöst haben, welche die anderen trägt. Man muß die reinen Farben nebeneinanderhalten um ihre Kontraste und Vertraulichkeiten kennenzulernen. Man muß das Viele vergessen haben, um des Wichtigen willen.

ÉDITIONS ALLIA

16, RUE CHARLEMAGNE

F - 75004 PARIS

NOM : ....

PRÉNOM : ....

ADRESSE : ....

....

PAYS : ....

E-MAIL : ....

DÉSIRE RECEVOIR LE CATALOGUE DES ÉDITIONS ALLIA

de l'existence qui n'est pas seulement d'aujourd'hui, mais toujours possible en tous temps, il sera nécessaire de mettre dans un rapport juste et d'équilibrer les deux voix, *celle* d'une heure marquante et *celle* d'un groupe de gens qui s'y trouvent.

XXII

À cette fin, il faut avoir distingué les deux éléments de la mélodie de la vie dans leur forme primitive ; il faut décortiquer le tumulte grondant de la mer et en extraire le rythme du bruit des vagues, et avoir, de l'embrouillamini de la conversation quotidienne, démêlé la ligne vivante qui porte les autres. Il faut disposer côte à côte les couleurs pures pour apprendre à connaître leurs contrastes et leurs affinités. Il faut avoir oublié le beaucoup, pour l'amour de l'important.

XXIII

Zwei Menschen, die in gleichem Grade leise sind, müssen nicht von der Melodie ihrer Stunden reden. Diese ist ihr an und für sich Gemeinsames. Wie ein brennender Altar ist sie zwischen ihnen und sie nähren die heilige Flamme fürchtig mit ihren seltenen Silben.

Setze ich diese beiden Menschen aus ihrem absichtlosen Sein auf die Bühne, so ist mir offenbar darum zu tun, zwei Liebende zu zeigen und zu erklären, warum sie selig sind. Aber auf der Szene ist der Altar unsichtbar und es weiß keiner sich die seltsamen Gesten der Opfernden zu erklären.

XXIV

Da giebt es nun zwei Auswege: entweder die Menschen müssen sich erheben und mit vielen Worten und verwirrenden Gebärden zu sagen versuchen, was sie vorher lebten.

XXIII

Quand deux personnes sont graves à un égal degré, elles n'ont pas à parler de la mélodie de leurs heures. Elle est leur élément en et pour soi commun. Elle est entre eux comme un autel ardent et eux, craintivement, de leurs syllabes rares alimentent la flamme sacrée.

Si je tire ces deux personnes de leur être ingénu pour les mettre sur scène, je le fais manifestement pour montrer deux amants et expliquer pourquoi ils sont heureux. Mais sur la scène l'autel est invisible et nul n'est en mesure d'expliquer les gestes étranges des sacrifiants.

XXIV

Alors il y a deux issues :
ou bien ces personnes doivent se lever et chercher à dire, à grand renfort de mots et de gestes déconcertants, ce qu'elles vivaient avant.

Oder:
ich ändere nichts an ihrem tiefen Tun
und sage selbst diese Worte dazu:
Hier ist ein Altar, auf welchem eine
heilige Flamme brennt. Ihren Glanz können Sie auf den Gesichtern dieser beiden
Menschen bemerken.

XXV

Das Letztere erscheint mir einzig künst-
lerisch. Es geht nichts von dem Wesentlichen
verloren; keine Vermengung der einfachen
Elemente trübt die Reihe der Ereignisse,
wenn ich den Altar, der die zwei Einsamen
vereint, so schildere, daß Alle ihn sehen
und an sein Vorhandensein glauben. Viel
später wird es den Schauenden unwillkür-
lich werden, die flammende Säule zu sehen,
und ich werde nichts Erläuterndes hinzu
sagen müssen. Viel später.

Ou bien :
je ne change rien à leur faire profond et
c'est moi-même qui ajoute ces mots :
Voici un autel sur lequel brûle une flamme
sacrée. Vous pouvez en remarquer l'éclat
sur le visage de ces deux êtres.

XXV

La deuxième solution me semble seule
digne d'un artiste. Rien n'est perdu de
l'essentiel ; aucune confusion des éléments
simples ne vient perturber le cours des
événements si je décris l'autel qui unit les
deux solitaires de telle sorte que tous
croient le voir et croient à sa présence.
Beaucoup plus tard, involontairement, les
spectateurs en viendront à voir la colonne
de flammes, et je n'aurai à ajouter aucune
explication. Beaucoup plus tard.

Aber das mit dem Altar ist nur ein Gleichnis, und ein sehr ungefähres obendrein. Es handelt sich darum, auf der Szene die gemeinsame Stunde, das worin die Personen zuworte kommen, auszudrücken. Dieses Lied, welches im Leben den tausend Stimmen des Tages oder der Nacht, dem Waldrauschen oder dem Uhrenticken und ihrem zögernden Stundenschlag überlassen bleibt, dieser breite Chor des Hintergrundes, der den Takt und Ton unserer Worte bestimmt, läßt sich auf der Bühne zunächst nicht mit den gleichen Mitteln begreiflich machen.

Denn das was man "Stimmung" nennt und was ja in neueren Stücken auch teilweise zu seinem Rechte kommt, ist doch nur ein erster unvollkommener Versuch, die

XXVI

Mais cette histoire d'autel n'est qu'une métaphore, et très approximative de surcroît. Ce qu'il s'agit de faire, c'est exprimer sur scène l'heure en commun, ce dans quoi les personnages viennent à parler. Ce chant, qui dans la vie reste confié aux mille voix du jour ou de la nuit, au bruissement de la forêt ou au tic-tac de l'horloge, à ses coups hésitants sonnant l'heure, cet ample chœur de l'arrière-fond qui détermine le rythme et le ton de nos mots, ne peut sur scène, pour le moment, se faire comprendre par les mêmes moyens.

XXVII

Car ce qu'on appelle "atmosphère" et qui, du reste, dans des pièces récentes se voit rendre aussi partiellement justice, n'est pourtant qu'une première tentative

Landschaft hinter Menschen, Worten und Winken durchschimmern zu lassen, wird von den Meisten überhaupt nicht bemerkt und kam um seiner leiseren Intimität willen überhaupt nicht von Allen bemerkt werden. Eine technische Verstärkung einzelner Geräusche oder Beleuchtungen wirkt lächerlich, weil sie aus tausend Stimmen eine einzelne zuspitzt, so daß die ganze Handlung an der einen Kante hängen bleibt.

XXVIII

Diese Gerechtigkeit gegen das breite Lied des Hintergrundes bleibt nur erhalten, wenn man es in seinem ganzen Umfange gelten läßt, was zunächst sowohl den Mitteln unserer Bühne, wie der Auffassung der mißtrauischen Menge gegenüber untunlich erscheint. – Das Gleichgewicht kann nur durch eine strenge Stilisierung erreicht werden. Wenn man nämlich die Melodie der Unendlichkeit auf

imparfaite pour laisser transparaître le paysage derrière hommes, mots et gestes, qui ne sera absolument pas perçue par la plupart et qui, en raison de sa grave intimité, ne peut absolument pas être perçue par tous. Renforcer techniquement tel bruit, tel éclairage, produit un effet ridicule, parce que de mille voix on en monte une seule en épingle, si bien que toute l'action reste suspendue à cette unique arête.

XXVIII

Cette justice envers l'ample mélodie de l'arrière-fond est sauvegardée seulement si on la laisse valoir dans toute son extension, ce qui pour le moment apparaît irréalisable étant donné non seulement les moyens de nos scènes, mais également la conception que s'en fait la foule méfiante. – L'équilibre ne peut être atteint qu'au moyen d'une rigoureuse stylisation. En effet, dès lors que l'on joue la mélodie de l'infini en frappant

denselben Tasten spielt, auf denen die
Hände der Handlung ruhen, das heißt
das Große und Wortlose zu den Worten
herunterstimmt.

XXIX

Dieses ist nichts anderes als die
Einführung eines Chors, der sich ruhig
aufrollt hinter den lichten und flimmern-
den Gesprächen. Dadurch daß die Stille
in ihrer ganzen Breite und Bedeutung
fortwährend wirkt, erscheinen die Worte
vorn als ihre natürlichen Ergänzungen, und
es kann dabei eine geründete Darstellung
des Lebensliedes erzielt werden, welche
sonst schon durch die Unverwendbarkeit
von Düften und dunklen Empfindungen
auf der Bühne, ausgeschlossen schien.

sur les mêmes touches que celles sur les-
quelles sont posées les mains de l'action
scénique, cela veut dire que le grand, le sans
mots, par en dessous s'accorde avec les mots.

XXIX

Ce n'est rien d'autre qu'introduire un
chœur, qui se déroule calmement derrière
les clairs et scintillants dialogues. Du fait
que le silence agit continûment dans
toute son ampleur et sa signification, les
mots se montrent en avant comme ses
compléments naturels, et du coup l'on
peut envisager une représentation globale
du chant de la vie, ce qui, sinon, semblait
déjà exclu dès lors qu'on ne peut pas,
sur scène, utiliser parfums ni sensations
obscures.

XXX

Ich will ein ganz kleines Beispiel andeuten:
– Abend. Eine kleine Stube. Am Mitteltisch
unter der Lampe sitzen zwei Kinder einander gegenüber, ungern über ihre Bücher
geneigt. Sie sind beide weit – weit. Die
Bücher verdecken ihre Flucht. Dann und
wann rufen sie sich an, um sich nicht in
dem weiten Wald ihrer Träume zu verlieren. Sie erleben in der engen Stube bunte
und phantastische Schicksale. Sie kämpfen
und siegen. Kommen heim und heiraten.
Lehren ihre Kinder Helden sein. Sterben
wohl gar.

Ich bin so eigenwillig, das für Handlung
zu halten!

XXXI

Aber was ist diese Szene ohne das Singen
der hellen altmodischen Hängelampe,
ohne das Atmen und Stöhnen der Möbel,

XXX

Je veux évoquer un tout petit exemple :
– Soir. Une petite pièce. Au milieu, à table
sous la lampe, deux enfants face à face,
penchés à contrecœur sur leurs livres. Ils
sont tous les deux loin – loin. Les livres
cachent leur évasion. De temps en temps
ils s'interpellent, pour ne pas se perdre
dans la grande forêt de leurs rêves. Dans la
pièce exiguë ils vivent des destinées bario-
lées, fantastiques. Ils combattent et ils
sont vainqueurs. Rentrent chez eux et se
marient. Apprennent à leurs enfants à
être des héros. Meurent, même.

Et moi, je suis assez buté pour voir là
une action scénique !

XXXI

Mais qu'est-ce que cette scène sans le
chant de la claire suspension démodée,
sans la respiration et le gémissement des

ohne den Sturm um das Haus. Ohne diesen ganzen dunklen Hintergrund, durch welchen sie die Fäden ihrer Fabeln ziehen. Wie anders würden die Kinder im Garten träumen, anders am Meer, anders auf der Terrasse eines Palastes. Es ist nicht gleichgültig, ob man in Seide oder in Wolle stickt. Man muß wissen, daß sie in dem gelben Canevas dieses Stubenabends die paar ungelenken Linien ihres Maeandermusters unsicher wiederholen.

XXXII

Ich denke nun daran, die ganze Melodie so wie die Knaben sie hören, erklingen zu lassen. Eine stille Stimme muß sie über der Szene schweben, und auf ein unsichtbares Zeichen fallen die winzigen Kinderstimmen ein und treiben hin, während der breite Strom durch die enge Abendstube weiterrauscht von Unendlichkeit zu Unendlichkeit.

meubles, sans la tempête autour de la maison. Sans tout ce fond obscur à travers lequel ils tirent les fils de leurs fables. Comme ces enfants rêveraient autrement au jardin, autrement au bord de la mer, autrement sur la terrasse d'un palais. Que l'on brode sur soie ou sur laine, cela n'est pas indifférent. Il faut savoir que sur le jaune canevas de cette soirée en chambre, ils reproduisent, incertains, les deux lignes malhabiles de leur méandreux modèle.

XXXII

Ce que j'envisage alors, c'est de laisser retentir toute la mélodie telle que les gamins l'entendent. Voix silencieuse, elle doit planer sur la scène, et à un invisible signal les minuscules voix d'enfants attaquent et se lancent, cependant que le large fleuve continue de gronder en passant par l'étroite pièce et son soir, d'infinité en infinité.

XXXIII

Solcher Szenen weiß ich viele und breitere.
Je nach ausdrücklicher, ich meine allseitiger
Stilisierung oder vorsichtiger Andeutung
derselben, findet der Chor auf der Szene
selbst seinen Raum und wirkt dann auch
durch seine wachsame Gegenwart, oder sein
Anteil beschränkt sich auf die Stimme, die,
breit und unpersönlich, aus dem Brauen der
gemeinsamen Stunde steigt. In jedem Fall
wohnt auch in ihr, wie im antiken Chor,
das weisere Wissen; nicht weil sie urteilt
über das Geschehen der Handlung, sondern
weil sie die Basis ist, aus der jenes leisere
Lied sich auslöst und in deren Schooß es
endlich schöner zurückfällt.

XXXIV

Die stilisierte, also unrealistische Darstellung halte ich in diesem Fall nur für
einen Übergang; denn auf der Bühne wird

XXXIII

De telles scènes, j'en sais beaucoup, et de plus amples. Selon qu'il s'agit d'une stylisation expresse, je veux dire généralisée, ou bien d'une prudente allusion à celle-ci, le chœur trouve sa place sur la scène même et agit alors lui aussi par sa vigilante présence, ou bien sa part est réduite à la voix qui monte, ample et impersonnelle, du brassage de l'heure en commun. Dans les deux cas réside en elle aussi, comme dans le chœur antique, un plus sage savoir ; non parce qu'elle juge les péripéties de l'action, mais parce qu'elle est la base d'où se détache ce chant plus bas et au sein de laquelle, pour finir, il retombe plus beau.

XXXIV

La représentation stylisée, donc irréaliste, je n'y vois en ce cas qu'un passage ; car l'art qu'on accueillera toujours le plus

immer diejenige Kunst am willkommens-
ten sein, welche lebensähnlich und in diesem
äußeren Sinne "wahr" ist. Aber dieses gerade
ist der Weg zu einer selbst sich vertiefen-
den, innerlichen Wahrheit: die primitiven
Elemente zu erkennen und zu verwenden.
Hinter einer ernsten Erfahrung wird man
die begriffenen Grundmotive freier und
eigenwilliger brauchen lernen und damit
auch wieder dem realistischen, dem zeitlich
Wirklichen näher kommen. Es wird aber
nicht dasselbe sein wie vorher.

XXXV

Diese Bemühungen erscheinen mir
notwendig, weil sonst die Erkenntnis der
feineren Gefühle, die eine lange und ernste
Arbeit sich errang, im Lärm der Bühne
ewig verloren gehen würde. Und das ist
schade. Von der Bühne her kann, wenn es
tendenzlos und unbetont geschieht, das
neue Leben verkündet, das heißt auch

volontiers sur la scène, c'est celui qui ressemble à la vie et qui, en ce sens extérieur, est "vrai". Mais voici justement le chemin qui mène à une vérité s'approfondissant elle-même, intérieure : reconnaître les éléments primitifs et s'en servir. Avec une sérieuse expérience on apprendra à utiliser de manière plus libre et plus originale les motifs fondamentaux qu'on aura saisis, et ainsi du même coup se rapprochera-t-on de la réalité réaliste, temporelle. Mais ce ne sera plus la même qu'avant.

XXXV

Ces efforts me semblent nécessaires parce que, sinon, la connaissance des sentiments plus subtils que s'est acquise un long et sérieux travail, dans le bruit de la scène se verra à jamais perdue. Et c'est dommage. Depuis la scène, on peut, si c'est fait sans appuyer de manière tendancieuse, faire l'annonce de la vie nouvelle,

denen vermittelt werden, die nicht aus eigenem Drang und eigener Kraft seine Gebärden lernen. Sie sollen nicht bekehrt werden von der Szene her. Aber sie sollen wenigstens erfahren: das giebt es in unserer Zeit, eng neben uns. Das ist schon Glückes genug.

Denn es ist fast von der Bedeutung einer Religion, dieses Einsehen: daß man, sobald man einmal die Melodie des Hintergrundes gefunden hat, nicht mehr ratlos ist in seinen Worten und dunkel in seinen Entschlüssen. Es ist eine sorglose Sicherheit in der einfachen Überzeugung, Teil einer Melodie zu sein, also einen bestimmten Raum zu Recht zu besitzen und eine bestimmte Pflicht an einem breiten Werke zu haben, in dem der Geringste ebensoviel wertet wie der Größte. Nicht überzählig zu sein, ist die erste Bedingung der bewußten und ruhigen Entfaltung.

c'est-à-dire la communiquer également à ceux qui n'en apprennent pas les gestes de leur propre élan et par leurs propres forces. Non qu'on doive les convertir depuis la scène. Mais au moins doivent-ils éprouver : il y a ça à notre époque, tout près de nous. Ça n'est déjà pas si mal.

XXXVI

Car c'est presque de l'importance d'une religion d'avoir compris ça : qu'une fois qu'on a découvert la mélodie de l'arrière-plan, on n'est plus indécis dans ses mots ni obscur dans ses décisions. C'est une certitude tranquille née de la simple conviction de faire partie d'une mélodie, donc de posséder de plein droit une place déterminée et d'avoir une tâche déterminée au sein d'une vaste œuvre où le plus infime vaut exactement le plus grand. Ne pas être en surnombre est la condition première de l'épanouissement conscient et paisible.

Aller Zwiespalt und Irrtum kommt davon her, daß die Menschen das Gemeinsame *in* sich, statt in den Dingen *hinter* sich, im Licht, in der Landschaft im Beginn und im Tode, suchen. Sie verlieren dadurch sich selbst und gewinnen nichts dafür. Sie vermischen sich, weil sie sich doch nicht vereinen können. Sie halten sich aneinander und können doch nicht sicheren Fuß fassen, weil sie beide schwankend und schwach sind; und in diesem gegenseitigen Sich-stützen-wollen geben sie ihre ganze Stärke aus, so daß nach außen hin auch nicht die Ahnung eines Wellenschlages fühlbar wird.

Jedes Gemeinsame setzt aber eine Reihe unterschiedener einsamer Wesen voraus. Vor ihnen war es einfach ein Ganzes ohne jegliche Beziehung, so vor sich hin. Es war

Toute discorde et toute erreur viennent de ce que les hommes cherchent leur élément commun *en* eux, au lieu de le chercher dans les choses *derrière* eux, dans la lumière, dans le paysage au début et dans la mort. Ce faisant, ils se perdent et n'y gagnent rien en échange. Ils se mélangent, faute de pouvoir s'unir. Ils se tiennent l'un à l'autre sans pourtant parvenir à assurer leur pas, car ils sont tous deux titubants et faibles ; et à vouloir ainsi se soutenir l'un l'autre ils épuisent toute leur force, au point de ne pouvoir pas même pressentir, tournés vers le dehors, le son que fait une vague.

Mais tout élément commun présuppose une série d'êtres isolés distincts. Avant eux, ce n'était qu'un tout dénué de rapport, du coup face à lui-même. Il n'était ni pauvre

weder arm noch reich. Mit dem Augenblick, wo verschiedene seiner Teile der mütterlichen Einheit entfremden, tritt es in Gegensatz zu ihnen; denn sie entwickeln sich von ihm fort. Aber es läßt sie doch nicht aus der Hand. Wenn die Wurzel auch nicht von den Früchten weiß, sie nährt sie doch.

XXXIX

Und wie Früchte sind wir. Hoch hangen wir in seltsam verschlungenen Ästen und viele Winde geschehen uns. Was wir besitzen, das ist unsere Reife und Süße und Schönheit. Aber die Kraft dazu strömt in *einem* Stamm aus einer über Welten hin weit gewordenen Wurzel in uns Alle. Und wenn wir für ihre Macht zeugen wollen, so müssen wir sie jeder brauchen in unserem einsamsten Sinn. Je mehr Einsame, desto feierlicher, ergreifender und mächtiger ist ihre Gemeinsamkeit.

ni riche. Dès l'instant où certaines de ses parties prennent leur distance d'avec l'unité maternelle, il entre en opposition avec elles ; car c'est en s'éloignant de lui qu'elles se développent. Mais il ne les lâche pas des mains. La racine a beau tout ignorer des fruits, il n'empêche qu'elle les nourrit.

XXXIX

Et nous sommes comme des fruits. Nous pendons haut à des branches étrangement tortueuses et nous endurons bien des vents. Ce qui est à nous, c'est notre maturité, notre douceur et notre beauté. Mais la force pour ça coule dans *un seul* tronc depuis une racine qui s'est propagée jusqu'à couvrir des mondes en nous tous. Et si nous voulons témoigner en faveur de cette force, nous devons l'utiliser chacun dans le sens de sa plus grande solitude. Plus il y a de solitaires, plus solennelle, émouvante et puissante est leur communauté.

Und gerade die Einsamsten haben den größten Anteil an der Gemeinsamkeit. Ich sagte früher, daß der eine mehr, der andere weniger von der breiten Lebensmelodie vernimmt; dem entsprechend fällt ihm auch eine kleinere oder geringere Pflicht in dem großen Orchester zu. Derjenige, welcher die ganze Melodie vernähme, wäre der Einsamste und Gemeinsamste zugleich. Denn er würde hören, was Keiner hört, und doch nur weil er in seiner *Vollendung* begreift, was die anderen dunkel und lückenhaft erlauschen.

Et ce sont justement les plus solitaires qui ont la plus grande part à la communauté. J'ai dit plus haut que l'un perçoit plus, l'autre moins, de l'ample mélodie de la vie ; en conséquence, incombe à ce dernier une tâche moindre ou plus médiocre dans le grand orchestre. Qui percevrait toute la mélodie serait tout à la fois le plus solitaire et le plus lié à la communauté. Car il entendrait ce que nul n'entend, et ce pour l'unique raison qu'il comprend en son *achèvement* ce dont les autres, tendant l'oreille, ne saisissent que d'obscures bribes.

NOTE DU TRADUCTEUR

CES *Notes sur la mélodie des choses*, recueillies dans le cinquième volume des RAINER MARIA RILKE – SÄMTLICHE WERKE (Insel-Verlag, 1965), sont datées de 1898. Rilke a vingt-trois ans. L'année précédente, à Munich où il suit à l'Université les cours de philosophie et d'histoire de l'art, il a rencontré Lou Salomé, il a commencé à partager sa vie, et l'on peut supposer qu'elle lui a longuement parlé de Nietzsche. Au printemps 1898 il visite l'Italie, Florence, ses musées, ses églises : dans la contemplation des œuvres des maîtres anciens, il s'éduque le regard. Sans doute est-ce à son retour qu'il rédige les *Notes,* qui portent les traces de cette double formation. On peut y lire tout à la fois, explicites, les leçons de la peinture italienne et celles, implicites, de *La Naissance de la tragédie* : la distinction premier plan/arrière-fond, leur rapport, l'idée même du chœur et de la mélodie des choses, l'articulation annoncée entre solitude et communauté, sonnent comme un écho des considérations nietzschéennes sur l'apollinien et le dionysiaque. Et Rilke, comme Nietzsche, appelle de ses vœux une réforme, voire une

révolution de la scène, qui soit du même coup, plus largement, un bouleversement dans la culture et jusque dans la vie.

N'oublions pas non plus que Rilke (né en 1875) est le contemporain d'Edward Gordon Craig (1872), de Max Reinhardt (1873), de Meyerhold (1874), de Copeau (1879), qu'ont précédés d'une dizaine d'années Adolphe Appia (1862), Maeterlinck (1862) et Stanislavski (1863) : tous ont voulu, chacun à sa manière, en finir avec le théâtre "réaliste" et déclamatoire de cette fin de siècle, et ouvrir la voie, enfin, à un Théâtre d'Art, pour reprendre le nom donné par Stanislavski à celui qu'il fonde à Moscou en 1897. Les *Notes*, pour autant qu'elles traitent de l'art de la scène, sont aussi à comprendre dans cette époque.

Mais faire de ce court texte un simple programme militant pour un nouveau théâtre serait grossièrement réducteur. Sa portée est tout autre : à la lumière de ce que sera l'œuvre de Rilke, dont lui-même dira qu'elle n'a véritablement commencé qu'en 1899, on voit bien que c'est sa poésie même qui se cherche et est en train de se trouver. Ces *Notes* d'une grande beauté annoncent magistralement son art poétique. La mélodie des choses, toute scène oubliée, ne le quittera jamais, l'extrême

attention portée à la fois au tout proche et à l'immensité de l'ouvert sera jusqu'à la fin l'un des traits constants de sa poésie, la solitude en sera l'élément vital. Et ce sont ses poèmes qui dresseront vraiment le théâtre de la mélodie des choses.

B. P.

ACHEVÉ D'IMPRIMER
DANS L'UNION EUROPÉENNE
POUR LE COMPTE DES ÉDITIONS ALLIA
EN DÉCEMBRE 2010

ISBN : 978-2-84485-275-5
DÉPÔT LÉGAL : MAI 2008

1re ÉDITION : MAI 2008
7e ÉDITION : DÉCEMBRE 2010